Chères Olivia et Zoë pour une vie de lecture.
Gros Bisous, Oma

L'extraordinaire
abécédaire
de Balthazar

mars, 2017

À Vincent. Pour Gabriel, Isadora et Garance, pour qui nous sommes devenus grands.
M.-H.P.

À mon fils « Germain le merveilleux ».
C.F.R.

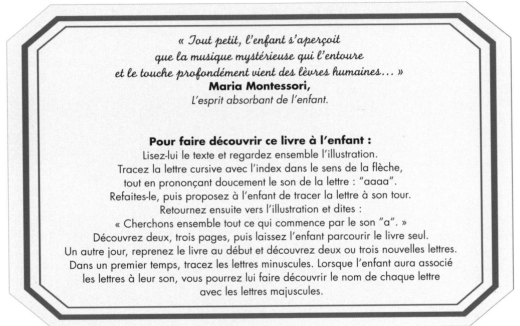

« Tout petit, l'enfant s'aperçoit
que la musique mystérieuse qui l'entoure
et le touche profondément vient des lèvres humaines... »
Maria Montessori,
L'esprit absorbant de l'enfant.

Pour faire découvrir ce livre à l'enfant :
Lisez-lui le texte et regardez ensemble l'illustration.
Tracez la lettre cursive avec l'index dans le sens de la flèche,
tout en prononçant doucement le son de la lettre : "aaaa".
Refaites-le, puis proposez à l'enfant de tracer la lettre à son tour.
Retournez ensuite vers l'illustration et dites :
« Cherchons ensemble tout ce qui commence par le son "a". »
Découvrez deux, trois pages, puis laissez l'enfant parcourir le livre seul.
Un autre jour, reprenez le livre au début et découvrez deux ou trois nouvelles lettres.
Dans un premier temps, tracez les lettres minuscules. Lorsque l'enfant aura associé
les lettres à leur son, vous pourrez lui faire découvrir le nom de chaque lettre
avec les lettres majuscules.

Éditrice : Claire Cagnat
Conception graphique et mise en page : Raphaël Hadid
© Hatier, 8 rue d'Assas, 75006 Paris, 2013 – ISBN : 978-2-218-97174-7
Dépôt légal : 97174 7 / 02 - janvier 2014 - Imprimé en France par Clerc s.a.s. – 18200 Saint Amand Montrond

L'extraordinaire abécédaire

de Balthazar

Marie-Hélène Place
Illustré par Caroline Fontaine-Riquier

Hatier jeunesse

Balthazar adore les acrobaties
de l'abominable anaconda.

b

Le bonheur, c'est des belles
bottes bleues pour barboter
dans la boue.

B

C

Le cochon au cache-nez
conduit sa petite sœur
dans un carrosse en cœur.

c

d

*Le dinosaure
et le dragon dînent
dans une délicate dînette.*

D

Le preux chevalier
est amoureux des yeux bleus
d'Eugénie.

E

é

L'été, l'éléphant évente
l'écureuil sous les étoiles.

É

La serviette verte de l'escargot
sèche sur sa terrasse.

f

La fusée de la fée flotte
sur les flocons.

F

*Le gros grizzli gourmand
déguste un gâteau de guimauves.*

G

h

Le hérisson est heureux
dans la haie de houx.

H

L'igloo de l'otarie illumine
la nuit de ses mille bougies.

j

La jolie jument en jupon
joue de l'accordéon.

J

k

Les koalas cuisinent
des kouglofs pour la kermesse.

K

ℓ

Le loup lit la légende de la
licorne à la lueur de la lune.

L

Le moineau minuscule
s'emmitoufle dans son manteau
en mohair pour l'hiver.

M

Il neige sur le nénuphar
de la rainette la nuit de noël.

L'orang-outan a une otite,
le docteur lui pose des orties
sur l'oreille.

n

*Pépin promène son panda
en poussette.*

P

q

Quatre quetzals fantastiques
pique-niquent sous le séquoia.

Q

Les roses de la reine Rosalie
sont rouges comme des rubis.

R

Le sorcier savoure sa soupe
à la sauterelle sucrée.

t

En terminant leurs tagliatelles, les petits tigres se sont tachetés de tomate.

T

u

Les ustensiles de cuisine
sont très utiles.

U

$\mathcal{V}$

La varicelle du vampire
Vladimir est violette.

V

Le wapiti voyage
en wagon-lit.

x

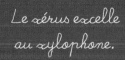

Le xérus excelle
au xylophone.

X

Le yo-yo du yack est tombé
dans le yaourt du yéti.

y

Z

Zéphir et Balthazar volent
en zeppelin vers Zanzibar.

Z

abcdefghijklm

n o p q r s t u v w x y z